S T A T U T S,
ORDONNANCES

ET REGLEMENS DE LA COMMUNAUTE'
des Maîtres Paſſementiers, Boutonniers, & Enjoliveurs de la Ville, Fauxbourgs & Banlieüe de Paris;
confirmez ſur les anciens Statuts du 23. Mars 1558.

*Imprimez en l'année 1717. eſtans Jurez en Charge de
ladite Communauté Jean Richard, François Mahieu,
Gerard Moreau, & Nicolas Jaquinet.*

I.

Remierement, Que nul ne pourra être receu en la Maîtriſe de Maître Paſſementier, Boutonnier, Enjoliveur en
cette Ville de Paris, s'il n'a fait cinq ans entiers d'Apprentiſſage chez un des Maîtres de ladite Ville ; & après ſon
Apprentiſſage fini, ſervi ſous leſdits Maîtres quatre autres années en qualité, nonobſtant la diſpoſition contraire de l'article
deuxiéme des anciennes Ordonnances de ladite Communauté.

I I.

Auparavant que les Jurez dudit Métier ordonnent le Chef-d'œuvre à ceux qui aſpireront à la Maîtriſe, leſdits Jurez ſeront tenus

A

voir les Brevets d'Apprentiffages defdits Afpirans, s'enquerir de leurs vies & mœurs par les Maîtres qu'ils auront fervi comme Apprentifs ou Compagnons, pour felon le rapport qu'ils en auront, leur ordonner ledit Chef-d'œuvre ou le refufer, fuivant l'article troifiéme defdites anciennes Ordonnances.

I I I.

Ledit Chef-d'œuvre fera ordonné par les Jurez en Charge, affiftez de la moitié des anciens Bacheliers de Jurande, qui pour ce faire feront mandez par bandes d'un jour à l'autre, chacune bande à fon tour, comme il eft accoûtumé.

I V.

Après ledit Chef-d'œuvre ordonné, il fera fait en la Chambre de la Communauté en la prefence defdits Jurez en Charge, de la moitié defdits Bacheliers de Jurande à leur tour, & fur la fin du Chef-d'œuvre auparavant la clôture & perfection d'icelui, feront mandez vingts Maîtres dudit Métier, qui n'auront point paffé par la Jurande auffi chacun à fon tour, pour voir ledit Chef-d'œuvre auparavant la clôture d'iceluy.

V.

Seront tenus les Afpirans à la Maîtrife par Chef-d'œuvre, de mettre dans la Boëte de la Communauté, & pour les affaires d'icelle, la fomme de trente livres tournois, dont les Maîtres de Confrerie feront comptables, & en feront la recepte comme il eft accoûtumé.

V I.

Lefdits Afpirans à la Maîtrife par chef-d'œuvre, payeront à chacun des Jurez en Charge, foixante-quatre fols tournois pour leur affiftance au Chef-d'œuvre, & à chacun des Bacheliers auffi affiftans audit Chef-d'œuvre trente-deux fols tournois, fuivant la Sentence de notre Lieutenant Civil, cy-devant renduë pour faire Reglement.

V I I.

Aucuns Maîtres dudit Métier ne pourront prendre ni s'obliger des Apprentifs qu'en la prefence des Jurez en Charge, à peine de nullité des Brevets, d'amende arbitraire, & de tous dépens, dommages & interefts contre les Maîtres contrevenans, & payera chacun Maître qui prendra un Apprentif, dix fols tournois pour les affaires de ladite Communauté, fuivant la Sentence de Reglement de notre Lieutenant Civil, du dixiéme jour de Decembre mil fix cens quarante-deux : Et ne pourront les Maîtres dudit Métier avoir plus d'un Apprentif, ny en obliger un fecond que le temps du premier ne foit entierement expiré : Comme auffi les Jurez dudit Métier ne pourront transporter aucun Brevet d'Apprentiſſage aux Maîtres de ladite Communauté, qui auront un Apprentif obligé. Que ſi le tranſport eſt fait à un Maître qui n'aura point d'Apprentif, l'Apprentif tranſporté luy tiendra lieu d'un autre Apprentif, juſques à ce que le temps du Brevet tranſporté ſoit expiré.

VIII.

Seront tenus les Maîtres dudit Métier quinze jours après qu'ils auront fait obliger leurs Apprentifs, faire enregiſtrer les Brevets en la Chambre de notre Procureur au Châtelet de Paris, les Jurez dudit Métier à ce faire appellez, leſquels en tiendront auſſi Regiſtre, qui demeurera au coffre de ladite Communauté, & Nous payeront leſdits Maîtres pour leurs Apprentifs quatre ſols pariſis, ſur peine contre les contrevenans, qui n'auront dans ledit temps fait ce que de deſſus, de quarante ſols pariſis d'amende, conformément à l'Article ſept des anciennes Ordonnances.

IX.

Les Enfans des Maîtres ſeront receus en la Maîtriſe, en faiſant une legere experience qui leur ſera ordonnée par les Jurez en Charge, en la preſence de douze anciens Bacheliers mandez à leur tour, payera le Maître receu pour la Confrerie, & pour les affaires de la Communauté ſix livres tournois, & pour le ſalaire des Jurez à chacun 32. ſ. tournois, ſans aucuns droits aux Bacheliers aſſiſtans, & ne pourront leſdits fils de Maîtres obliger, ny faire aucuns Apprentifs, que leſdits fils de Maîtres, bien 'que receus en la Maîtriſe, n'ayent atteint l'âge de 18. ans, ſoit qu'ils ſoient demeurans avec leurs peres ou ailleurs.

X.

Si aucun Compagnon dudit Métier qui aura fait cinq ans d'Apprentiſſage chez un des Maîtres de ladite Communauté en notre Ville de Paris, épouſe une fille de Maître, il ſera receu en la Maîtriſe dudit Métier après le mariage conſommé, en faiſant une legere experience comme les fils de Maîtres, & ne payera autres droits que ceux ordonnez pour leſdits fils de Maîtres : meſme ſera diſpenſé de ſervice de quatre années, qu'il auroit eſté autrement obligé de faire après ſon Apprentiſſage fini, ſans que la diſpoſition contraire de l'Article vingt-troiſiéme des anciennes Ordonnances puiſſe plus avoir lieu.

XI.

Les Veuves des Maîtres dudit Métier pourront exercer la Maîtriſe tant & ſi longuement qu'elles demeureront en viduité; & pendant ce temps les Apprentifs qui auront eſté obligez du vivant de leurs maris, pourront parachever leur Apprentiſſage avec leſdites Veuves, qui ne pourront obliger de nouveau aucuns Apprentifs : mais ſi elles ſe remarient, elles perdront leur Privilege.

XII.

Les Maîtres dudit Métier ne pourront obliger ny faire travailler à leurs Ouvrages aucune femme ny filles estrangeres; mais pourront seulement employer à faire leur travail les femmes & filles de Maîtres, suivant & conformément à la Sentence de Reglement de notre Lieutenant Civil, du vingt-neuviéme Novembre mil six cens quarante-deux, confirmée par Arrest de notre Cour de Parlement du neuviéme Janvier mil six cens quarante-trois, & ce à peine contre les contrevenans de confiscation de leurs Ouvrages, & de quarante-huit liv. parisis d'amende.

XIII.

Ne pourront les Maîtres dudit Métier prendre à leur service, ny donner à travailler à un Compagnon de dehors, si auparavant il ne fait apparoir de son Brevet d'Apprentissage, passé & executé en l'une des Villes du Royaume: & s'il se presente un Compagnon qui ait fait son Apprentissage chez un Maître de la Ville de Paris, il sera preferé au Compagnon de dehors, pourveu qu'il se contente du même salaire offert au Compagnon de dehors, suivant l'Article vingt-quatriéme desdites anciennes Ordonnances; & ledit Compagnon, soit de la Ville ou dehors, qui sera mis au service d'un Maître, ne pourra se retirer dudit service qu'il n'ait averti son Maître un mois auparavant que se retirer: Et les Maîtres dudit Métier ne pourront donner à travailler à un Compagnon qui sortira du service d'un autre Maître, qu'auparavant il n'ait esté en personne, sçavoir du Maître s'il est content dudit Compagnon, ne pouvant l'employer que par son congé, ou Ordonnance du Juge.

XIV.

Si aucuns Maîtres des Fauxbourgs se presentent pour estre receus en la Maîtrise de la Ville, en vertu des Edits des Rois nos Predecesseurs, donnez en faveur des Suisses, & aprés avoir exercé la Maîtrise des Fauxbourgs à Boutique ouverte trois ans entiers, ils seront tenus auparavant qu'estre receus en ladite Maîtrise de la Ville, de faire l'experience qui leur sera ordonné par lesdits Jurez en la presence de douze anciens Bacheliers de Jurande dudit Métier.

XV.

Si un Maître dudit Métier receu par notre Procureur au Châtelet de Paris, prend une Lettre de Privilege pour s'exempter des visitations des Jurez, des charges & devoirs des autres Maîtres & de la Jurisdiction ordinaire, il ne pourra faire aucuns Apprentifs, tant & si longuement qu'il gardera son Privilege & se servira d'iceluy; que si lors que ledit Maître aura fait signifier aux Jurez sa Lettre de
Privilege

Privilege, il se trouve qu'il ait un Apprentif obligé, il sera tenu aussi-tost le cas arrivé, mettre le Brevet d'Apprentissage és mains desdits Jurez, pour le transporter à un Maistre, avec lequel il parachevera son Apprentissage.

XVI.

Ceux qui aspireront à la Maistrise en vertu de nos Lettres de Dons ou des Princes, ausquels le pouvoir en est par nous concedé, seront tenus auparavant qu'être reçûs Maistres, faire une experience telle qu'elle leur sera ordonnée par lesdits Jurez, sans aucuns frais, sinon les frais ordinaires & accoûtumez; & sera la Lettre préalablement communiquée ausdits Jurez, qui la communiqueront ensuite aux anciens Bacheliers de Jurande, à l'effet de voir si ladite Lettre n'aura point esté reçûë & remplie.

XVII.

Nul Maistre dudit Mestier ne pourra faire ni vendre aucuns Passemens, Boutons, ou autres ouvrages dudit Mestier, d'or & d'argent fin, ou de soye fine, qui ne soient faites de bonnes & loyalles étoffes selon la qualité de l'ouvrage, à peine de confiscation, de dix livres d'amende pour la premiere fois, & de plus grandes peines & amendes s'il recidive, à la discretion de Justice suivant l'article onze.

XVIII.

Les Maistres dudit Mestier ne pourront mesler l'or ou l'argent fin avec l'or & l'argent faux, filé ou non filé, encore qu'ils en soient requis.

XIX.

Ne pourront les Maistres dudit Mestier mesler l'or ou l'argent faux, filé ou non filé, avec l'or ou l'argent de masse, & ledit or ou argent de masse avec l'or de Paris ou de Bassin; pourront neanmoins avec l'or ou argent fin mesler toutes sortes de soyes fines; comme aussi avec l'or faux filé sur soyes s'ils en sont requis, suivant l'Article dix-sept desdites anciennes Ordonnances.

XX.

Au regard des Ouvrages de soye, seront tenus de les faire tous de soye fine, sans y mesler filosselle, sajette, fil ou laine, ni semblablement avec la filosselle mesler sajette, fil ou laine, & ainsi des autres étoffes, sous pareille peine de confiscation & de huit livres parisis d'amende suivant l'article dix-huit desdites anciennes Ordonnances.

XXI.

Feront lesdits Passementiers-Boutonniers & Enjoliveurs, toutes sortes de Passemens de Dentelles sur l'oreiller, aux fuzeaux, aux épingles, & à la main, d'or & d'argent, tant faux que fin, de soye, de fil blanc & de couleur, fins & communs, tant grands que petits, pourvû qu'ils soient faits d'étoffes du tout fines, ou du tout fausses.

B

XXII.

Feront auſſi toutes ſortes de Paſſemens & Dentelles pleins & à jour, de nouëure & à la main, garnis & enjolivez, pourvû qu'ils ſoient faits des qualitez ſuſdites.

XXIII.

Pourront auſſi faire leſdits Paſſementiers - Boutonniers & Enjoli-veurs, toutes ſortes de houpes & campanes coulantes ou arrêtées, mon-tées ſur moules & bourrelets, nouées & à l'éguille, pour garnir toutes ſortes d'ouvrages, ſoit pour ornemens d'Egliſe, ou emmeublemens.

XXIV.

Feront pareillement toutes ſortes de Creſpines grandes & petites, doubles & ſimples de toutes façons ſans aucune exception.

XXV.

Feront auſſi toutes ſortes de Bourſes noüées, au crochet, & à la main, pleines & à jour, garnies & ſans garnir ; garniront toutes ſortes de Sacs, Toilettes, Porte-manteaux, Valiſes & Foureaux de piſtolets; feront Collets, devant de Cottes, Coëffes, Coëffures, & autres en-jolivemens des dépendances des ouvrages dudit Meſtier, mentionnez en l'article douze deſdites anciennes Ordonnances.

XXVI.

Pourront auſſi faire toutes ſortes de Treſſes à gros & à petit point, Gances rondes & quarrées, Italiennes, pratiques, à cœur & ſans cœur, Nattes à petits cœurs, Bracelets, Reſnes, Guides & Cordons de cheſne, Tours de col, Eguillettes treſſées, Sinets de Livres, Cein-tures d'Aubes & de Soutanes, de Treſſes, Lacets, Gances & Rai-ſeaux, Cordons de Rabats garnis & enjolivez, & tous autres enjoli-vemens qui ſe font ſur le boiſſeau, à la jatte, & au fuſeau.

XXVII.

Feront pareillement toutes ſortes de Cordons de Chapeaux, Bon-nets, Toques & Affulemens, comme Cordons à l'Angloiſe, à jon-chées, à la Turque, à la Moreſque, à l'Armenienne, à l'Indienne, à Olives, & à Boutons, à Lanternes, à Cordeliers, à deux, à trois, à quatre branches, ou plus grande quantité ; Cordons à filets, ronds & demi-ronds, plats & demi-plats, quarrez, & à cannetille & car-tiſannes ; Cordons d'or & d'argent trait faux & façonnez au crochets, Cordons d'or & d'argent fin, Cordons d'or & d'argent faux, Cor-dons de crin & de cheveux, Cordons à boutons, Cordons encadenaſ-fez, Cordons façon de broderie, enrichis & enjolivez, qui ſe façon-nent à l'éguille, aux dez, aux doigts, au crochet, & aux fuſeaux.

XXVIII.

Feront au ſemblable toutes ſortes de Boutons à vaſes & olives, glands d'or & d'argent, de ſoye, glands de fil, glands pour garnir rabats, collets & mouchoirs, chevilles, poignées de dagues & d'épées, garnitures de pertuifannes, Boutons à l'éguille, à l'étoile, à la Turque, à points de Milan, à point de Florence, à rofes, à carreaux, à grapes, à têtes de mort, à la Morefque, à la Royale, à l'Indiennne, à lacs d'amour ; Boutons à la Polonoife, à longues queuës, & toutes autres fortes de Boutons lacez & garnis à freluches & à cordelieres, enrichis & enjolivez, & de toutes autres façons, qui fe font au crochet, au doigt, à l'éguille, & aux dez.

XXIX.

Pourront auffi faire toutes fortes de cordons & cordonnets qui fe façonnent au roüet, comme gances, cannetilles pleines & creufes, chaînes & chaînettes, frifons fatinez & chevillez, boüillons, frifures, guipures plates & rondes, guipures à dentelle or & argent grappé & frifé, Milannoifes, Millers, Frifades, & toutes autres fortes de retords & enjolivemens qui fe font au roüet, guipoit, crochets, au moulin, chevalet, fabot, émerillon, & à la molette.

XXX.

Feront auffi toutes fortes de pots, vafes, & pommes de lits, pleins & à jour, coufus & collez, garnis & chamarez de paffemens à tiffus, de rubans, figurez & non figurez ; toutes fortes de bouquets après le naturel, guirlandes, éventails, fers de collets montez & porte fraifes, nœuds, rofes, ceintures, guirlandes & galands, nœufs & égrettes garnis & enjolivez, houpes balantes, mafques, chaîfnes encadenaffées, chapelets garnis de boutonnerie & de galands, chapeaux de fleurs après le naturel; coëffures & affulemens montez fur fer, cuivre, baleine, laton, fond de cartes & cartons, campanes encolées, rofes & rofettes fervant à garnir & enjoliver les habits, bouquets, coëffures & affulemens qui fe font avec la pince & le pliffoir, au roüet, à l'éguille, & au dé.

XXXI.

Feront auffi toutes fortes de ceintures, de noüeures, laçures de treffes au crochet, pleines & à jour, rondes & quarrées, plates & demi-plattes, au boiffeau, aux fufeaux, à la jatte, à la reine, & au chevalet, garnies de fer, chevilles. boucles, portes, boutons, & autres enjolivemens.

XXXII.

Feront au femblable toutes fortes de bordures & harnois de chevaux, de noüeures, laçures pleines & à jour, rondes, quarrées, plattes, garnies & enjolivées de toutes façons.

XXXIII.

Feront pareillement lefdits Paffementiers - Boutonniers, comme ils ont accoûtumé, toutes fortes de moules à boutons, comme glands, poires, vafes, pommes, olives, coulans ; boutons plats & chevilles, émerillons, molettes, & tous autres moules qui fe font, tant à l'arçon qu'au roüet, fervant à leur Meftier.

XXXIV.

Pourront auffi lefdits Paffementiers-Boutonniers employer pour faire leurs ouvrages toutes fortes d'étoffes d'or & d'argent, tant fin que faux, de foye, fleuret, filozele, fil, laine, cotton, crin, cheveux, fer, cuivre, laton, baleine, fer blanc, bois, pailles, tarq, verre, gets, émail, parchemin, velin brodé, enluminé & doré, tocques, taffetas, fatin, velours, gaze, tabis, & toutes autres fortes d'étoffes, pourvû que le faux ne foit mêlé avec le fin, fuivant la difpofition des articles ci-deffus.

XXXV.

Lefdits Maîtres Paffementiers-Boutonniers-Enjoliveurs pourront, pour faire leurs ouvrages & enjolivemens, fe fervir de toutes fortes d'outils, machines & engins, à l'exception feulement de la haute & baffe liffe, la marche, la peigne, la tire, & la navette.

XXXVI.

Les Maîtres des Fauxbourgs apportans leurs ouvrages pour les vendre dans la Ville, feront tenus avant que de les expofer en vente, de les porter en la Chambre commune dudit Métier, & en icelle les feront vifiter par les Jurez en Charge ; après laquelle vifitation ils auront la liberté d'expofer & vendre la marchandife qui auroit été trouvée bonne, aux Maîtres Paffementiers-Boutonniers de la Ville, & aux Marchands tenans boutiques, & faifant la revente defdits ouvrages : & de la mauvaife, lefdits Jurez feront leur rapport en Juftice pour la faire confifquer, fi faire fe doit ; le tout fous ladite peine de confifcation de leurs ouvrages, & d'amende arbitraire ; & pour lefdites vifitations payeront lefdits Maîtres des Fauxbourgs le droit accoûtumé.

XXXVII.

Les Forains qui ameneront ou apporteront en cette Ville des ouvrages dudit Métier, feront tenus auffi de les porter à leur arrivée directement, & fans les décharger ailleurs, en ladite Chambre commune, & feront avertir lefdits Jurez par le Clerc de la Communauté, de l'arrivée de leurs marchandifes pour en faire la vifitation, feparer la bonne de la mauvaife, & enfuite le lotiffement entre les Maîtres dudit Métier, auquel effet le Clerc de ladite Communauté fera tenu faire toutes femonces neceffaires, ce qui fera fait dans 24 heures de l'arrivée defdites Marchandifes : que fi le lotiffement n'en eft fait après ladite vifitation, il fera permis & loifible aufdits Marchands Forains d'expofer & vendre la bonne marchandife, comme il eft dit en l'article précedent, fans qu'elle puiffe être mife, ferrée ni gardée

en

en magaſin ou hoſtellerie : Et au regard de la mauvaiſe, s'il s'en trouve, il en ſera pareillement fait rapport en Juſtice à la même fin que
par ledit article précedent ; & pour leſdites viſitations, leſdits Forains
payeront auſſi le droit accoûtumé ; le tout ſuivant l'article dix-neuf
des anciennes Ordonnances, à la Sentence de nôtre Lieutenant Civil, portant Reglement du 6. Juin 1636.

XXXVIII.

Ne pourront les Maîtres dudit Métier tenir deux Ouvriers en boutique en divers lieux & en même-temps, & ne pourront faire aucun
travail ni vente de leurs ouvrages les jours de Fêtes & Dimanches,
à peine de confiſcation, & de 24. livres pariſis d'amende.

XXXIX.

Ne pourront pareillement les Maîtres dudit Métier porter, ni faire
porter aux Foires leurs ouvrages, qu'au préalable ils ne les ayent fait
voir & viſiter par leſdits Jurez, ſous pareilles peines de confiſcation,
& de 16. livres pariſis d'amende.

XL.

Ne pourront les Jurez dudit Métier intenter, ni ſouffrir aucuns
Procès concernans les droits, Reglemens, & affaires de la Communauté, qu'auparavant ils n'ayent fait aſſembler tous les anciens Bacheliers de Jurande dedans la Chambre commune pour prendre leurs
avis, & ſe regler ſuivant iceux au plus grand nombre de voix, à peine de porter en pure perte tous les frais qu'ils auront faits, & les dépens en quoi ils pourroient ſuccomber.

XLI.

Leſdits Jurez ſortans de Charge ſeront tenus de rendre Compte de
la recette & dépenſe qu'ils auront faite pour la Communauté pendant
le tems de leur Jurande, & ce quinze jours après qu'ils ſeront ſor-
tis de Charge, leſquels Comptes ſeront rendus en ladite Chambre
commune en la preſence des Jurez en Charge, & de tous les anciens
Bacheliers de Jurande, comme il eſt accoûtumé.

XLII.

Pour la conſervation de la Confrairie dudit Métier, inſtituée en
l'honneur de S. Louis, il y aura toûjours en Charge quatre Maîtres
de Confrairie, dont deux ſeront élûs & changez par chacun an dans
la Chapelle de ladite Confrairie, le lendemain de la Fête dudit S.
Louis après la Meſſe des Trepaſſez, & ce à la pluralité des voix des
Maîtres qui auront aſſiſté au Service, & ſeront preſens ; leſquelles
voix ſeront recüeillies par le Chapelain de ladite Confrerie ſelon l'u-
ſage ordinaire : & à l'inſtant ſeront tenus les nouveaux Maîtres de
Confrairie qui auront été élûs, d'accepter ladite Charge, & ſigner
leur acceptation ſur le Regiſtre de ladite Confrairie : & quinze jours

C

après que lesdits Maîtres de Confrairie seront sortis de Charge, ils feront tenus rendre Compte de leur administration dans ladite Chambre commune en la presence des Jurez & Maîtres de Confrairie en Charge,& des anciens Bacheliers, tant de Jurande, que de Confrairie.

XLIII.

Pour conservation des Presentes Ordonnances & Reglemens, il y aura aussi toûjours en Charge quatre Jurez dudit Métier, deux desquels seront élûs & changez par chacune année à la pluralité des voix le premier Mardy d'après le jour de la Chandeleur, en la Chambre & pardevant nôtre Procureur au Châtelet de Paris : Et ne pourra aucun Maître dudit Métier être élû en ladite Charge de Juré, qu'auparavant il n'ait exercé la Maîtrise de Paris dix ans entiers : par lesquels Jurez seront faites toutes visitations necessaires pour la conservation des Droits dudit Métier, & execution des presentes Ordonnances, tant sur les Maîtres de la Ville, que ceux des Fauxbourgs, sans que pour ce faire lesdits Jurez soient tenus demander licence & permission aux Hauts Justiciers desdits Fauxbourgs, attendu qu'il est question du fait de Police, de laquelle la connoissance appartient seulement à nôtre Prevost de Paris, ou son Lieutenant Civil.

XLIV.

Pour faire l'Election desdits Jurez, seront mandez tous les anciens Bacheliers de Jurande, les Maîtres de Confrairie en Charge, les Bacheliers de Confrairie, & le tiers de tous les autres Maîtres en trois classes ; sçavoir, un tiers des anciens Maîtres dudit Métier qui n'auront point passé par les Charges, un autre tiers de modernes, & l'autre tiers de jeûnes Maîtres chacun à leur tour, sans que ceux qui auront été appellez en une année, puissent être derechef appellé que la troisiéme année suivante, conformément aux Reglemens pour ce fait par la Sentence de nôtre Lieutenant Civil du 14. Mars 1635.

Vû par Nous Conseiller du Roy en ses Conseils, & Lieutenant Civil en la Prevôté & Vicomté de Paris, les nouveaux Statuts dressez par les Maîtres Passementiers-Boutonniers & Enjoliveurs de cette Ville de Paris, contenant quarante-quatre articles, leurs anciens Statuts, les Arrests de la Cour, & nos Sentences contenuës & énoncées esdits nouveaux Statuts. Nôtre Avis est, sous le bon plaisir du Roy, que Sa Majesté peut accorder ausdits Maîtres Passementiers-Boutonniers & Enjoliveurs de cette Ville de Paris, lesdits nouveaux Statuts. Fait ce dix-neuf Mars 1653. Ainsi signé, DAUBRAY.

*Regiſtrez, oüi le Procureur General du Roy, pour être executez ſe-
lon leur forme & teneur, aux charges, clauſes & conditions portées par l'Arreſt de ce jour. A Paris en Parlement le 9. Mars 1658.
Ainſi ſigné, DUTILLET.*

LOUIS par la grace de Dieu Roy de France & de Navarre : A
tous preſens & à venir. SALUT. Les Maîtres Paſſementiers-
Boutonniers & Enjoliveurs de nôtre bonne Ville, Fauxbourgs &
Banlieuë de Paris, Nous ont fait remontrer, que comme dés nôtre
avenement à la Couronne, Nous avons non ſeulement accordé la
confirmation des Statuts de pluſieurs Communautez de nôtredite Ville, mais encore que Nous en avons ſupprimé quelques Articles dont
l'uſage eſtoit inutile, ſuivant les Arreſts intervenus à cet effet en nôtre Conſeil, & autres Juriſdictions dépendantes de nôtre autorité ;
même que Nous n'avons pas ſi-toſt atteint le point de nôtre majorité,
que nous avons favorablement départi toutes les graces que l'on ſe
pouvoit promettre du zele que nous avons conçû pour le repos, le
ſoulagement, & la commodité des Peuples reduits ſous l'étenduë de
noſtre obéïſſance, ainſi que le bonheur de nôtre retour en noſtredite Ville de Paris, ſouhaité ardemment par ceux qui n'ont jamais
ignoré que noſtre preſence en eſt le ſouverain bien, les pouvoit ga-
rantir des ſuites fâcheuſes d'une immortalité de Procès que l'on leur
ſuſcite journellement en divers Juriſdictions, ſi nous nous rendions
favorables à l'execution des Statuts qu'ils ont fait dreſſer ſur leurs
anciennes Ordonnances concedées par le feu Roy Henry II. le vingt-
troiſiéme Mars mil cinq cens cinquante-huit, pour la tranquillité,
le ſupport, & la conſervation de leur Art, Nous requerant ſur ce
nos Lettres neceſſaires. A CES CAUSES, & pour d'autant plus
obliger les Expoſans de rechercher les moyens de réüſſir heureuſe-
ment dans la diſpoſition des Ouvrages dudit Art, au contentement
de nos Peuples d'attirer la curioſité des Etrangers, par les embeliſſe-
mens de leurs Manufactures, enſorte que le negoce en puiſſe tirer les
avantages de ſa premiere reputation, & d'entretenir parmi eux la tranquillité, la fidelité, & l'honneur qu'ils doivent avoir en leurs entre-
priſes ; après avoir fait voir en noſtre Conſeil leſdites anciennes Ordonnances du vingt-troiſiéme Mars mil cinq cens cinquante-huit,
Lettres de confirmation d'icelles, Quittance du ſecours que leſdits
Expoſans firent au feu Roy de glorieuſe memoire, noſtre tres-honoré
Seigneur & Pere, pendant le Siege de noſtre Ville de Corbie, le
douziéme Aouſt mil ſix cens trente-ſix, autre Quittance de ſix cens
livres qu'ils ont effectivement payée entre les mains du Treſorier de

nos Parties Casuelles le dix-septiéme Février mil six cens quarante-quatre;pour le droit de confirmation dû à cause de nôtredit avenement à la Couronne ; lesdits nouveaux Statuts contenant quarante-quatre Articles dreffez fur lesdites anciennes Ordonnances, au bas desquels est l'Avis de noftre Lieutenant Civil au Chaftelet de Paris du dix-neuf Mars dernier, Sentences, Arrefts & Reglement fur lesquels lesdits Articles font fondez, le tout ci attaché fous le contrefcel de noftre Chancellerie : Avons de l'Avis de noftredit Confeil par ces Prefentes fignées de nôtre main, de nos graces fpeciales, pleine puiffance & autorité Royale, lefdits Statuts & Articles agréez, confirmez & approuvez, agréons, confirmons & approuvons, pour en joüir par lefdits Expofans & leurs Succeffeurs audit Art, pleinement, paifiblement, & perpetuellement, conformement aufdites Sentences & Arrefts fur ce intervenus. SI DONNONS en Mandement à nos amez & feaux Confeillers, les Gens tenans noftre Cour de Parlement de Paris, Prevoft dudit lieu, ou fon Lieutenant Civil, que cefdites Prefentes ils faffent lire, publier & regiftrer, & du contenu en icelles, enfemble defdits Statuts & Articles, ils fouffrent & laiffent joüir & ufer lefdits Expofans, pleinement, paifiblement, & perpetuellement, contraignant à l'obfervation d'iceux tous ceux qu'il appartiendra : CAR tel eft noftre plaifir. Et afin que ce foit chofe ferme & ftable à toûjours, Nous avons fait mettre noftre Scel à cefdites Prefentes, fauf en autre chofe noftre droit, & l'autrui en toutes. DONNE' à Paris au mois d'Avril l'an de grace mil six cens cinquante-trois, & de noftre Regne le dixiéme. Signé, LOUIS; Et fur le reply, Par le Roy, PHELIPPEAUX: Et fcellé du grand Sceau de cire verte. Et fur le reply eft écrit : Regiftré, oüi le Procureur General du Roy, pour eftre executé, & joüir par les Expofans, des Lettres & contenu en icelles, aux charges & conditions portées par l'Arreft de ce jour. A Paris en Parlement le neuviéme Mars mil six cens cinquante-huit. Ainfi figné, DU TILLET.

De l'Imprimerie de J. BOUILLEROT, Pont S. Michel, vis-à-vis le Quay des Auguftins, à l'Ecreviffe Royale.

DECLARATION
DU ROY,

QUI FAIT DEFFENSES DE PORTER
des Boutons d'Etoffe sur les Habits.

Donné à Fontainebleau, le 15. Septembre 1694.

LOUIS PAR LA GRACE DE DIEU, ROY DE FRANCE ET DE NAVARRE, A tous ceux qui ces presentes Lettres verront, SALUT. Nous avons esté informez du préjudice considerable que cause dans nostre Royaume l'usage qui s'est introduit depuis peu de temps de porter des Boutons de la même étoffe des Habits, au lieu qu'auparavant ils estoient pour la pluspart de Soye; ce qui en faisoit une tres-grande consommation, particulierement dans nostre Province de Languedoc, & donnoit de l'emploi à un grand nombre de nos Sujets. Et comme nous n'avons rien plus à cœur que d'augmenter les Manufactures, & procurer à nos Sujets les moyens de subsister par leur travail, Nous avons resolu de pourvoir à cet abus. A CES CAUSES, & autres à ce Nous mouvans, & de nostre certaine science, pleine puissance & autorité Royale, Nous avons par ces Presentes signées de nostre main, fait tres-expresses deffenses aux Tailleurs d'Habits, & à tous autres, de faire à l'avenir, à

D

commencer du jour de la publication des Prefentes', aucuns
Boutons de Drap , & de toute autre, fortes d'étoffe de quelque qualité qu'elle foit, à peine de cinq cens livres d'amende , applicable un tiers au dénonciateur , un autre tiers aux
Hôpitaux des lieux , & l'autre tiers à noftre profit. Faifons pareillement deffenfes à toutes perfonnes d'en porter fur leurs
habits, à commencer du premier Janvier mil fix cens quatre-
vingt quinze, à peine de trois cens livres d'amende, applicable,
fçavoir , moitié aux Hôpitaux des lieux, & l'autre moitié à nôtre profit. SI DONNONS EN MANDEMENT à nos amez
& feaux Confeillers , les Gens tenans noftre Cour de Parlement à Paris , que ces Prefentes ils ayent à faire lire, publier
& regiftrer , même en temps de Vacations ; & le contenu en
icelles, garder & executer felon leur forme & teneur. Voulons qu'aux copies defdites Prefentes collationnées par l'un de
nos amez & feaux Confeillers & Secretaires, foy foit ajoûtée comme à l'original ; CAR tel eft noftre plaifir : En té-
moin dequoy Nous avons fait mettre nôtre Scel à cefdites
Prefentes. DONNE'E à Fontainebleau le vingt-cinquiéme
jour de Septembre, l'an de grace mil fix cens quatre-vingt-
quatorze , & de noftre Regne le cinquante-deuxiéme. Signé,
LOUIS. Et plus bas, Par le Roy, PHELYPEAUX. Et à cô-
té , Vû au Confeil, BOUCHERAT. & fcellée du grand Sceau
de cire jaune,

Regiftrées , oüi , & ce requerant le Procureur General du
Roy, pour eftre executées felon leur forme & teneur, & copies
collationnées envoyées aux Sieges, Bailliages & Senechauffées
du Reffort , pour y eftre lûës, publiées & enregiftrées. Enjoint
aux Subftitats du Procureur General du Roy d'y tenir la main,
& d'en certifier la Cour dans un mois, fuivant l'Arreft de ce
jour. A Paris en Parlement en Vacations le deuxiéme Octobre mil fix cens quatre-vingt quatorze. Signé, DONGOIS.

ARREST
DU CONSEIL D'ESTAT
DU ROY,

QUI fait deffenfes aux Tailleurs d'Habits & à toutes autres perfonnes, de faire & mettre, ni porter fur les Habits aucuns Boutons de Draps, de Tiffus, de Rubans, ni d'aucune autre Etoffe de Soye, ni d'Or ni d'Argent faites au Métier, fur les peines portées par la Declaration du 25. Septembre dernier.

Du quatorze Juin 1695.

Extrait des Regiftres du Confeil d'Etat.

LE ROY ayant par fa Declaration du 25. Septembre dernier, fait tres-expreffes deffenfes aux Tailleurs d'Habits, & à tous autres, de faire à l'avenir aucuns Boutons de Drap, & de toute autre forte d'étoffe, de quelque qualité qu'elle foit. Et Sa Majefté ayant efté informée qu'au préjudice des deffenfes portées par cette Declaration, les Tailleurs de la Ville de Lyon fe font avifez, d'intelligence avec les Maîtres Ouvriers en Drap de foye, de fabriquer des Rubans d'or & d'argent, & étoffe de foye en façon d'un Bouton qu'ils coufent, & les appliquent & coufent fur les moulés de Boutons, ce qui eft une contravention à ladite Declaration ; à quoi Sa Majefté voulant pourvoir : SA MAJESTE' ESTANT EN

SON CONSEIL, a ordonné & ordonne, que la Declaration du 25. Septembre mil six cens quatre-vingt-quatorze, & l'Arreſt dudit Conſeil donné en conſequence le onze Janvier dernier, ſeront executez ſelon leur forme & teneur : en conſequence fait Sa Majeſté tres-expreſſes inhibitions & deffenſes aux Tailleurs d'Habits, & à toutes autres perſonnes de faire & mettre, ni porter ſur les Habits, des Boutons de Drap, de Tiſſus, de Rubans, ni d'aucune autre étoffe de ſoye, ni d'or ni d'argent faites au Métier, ſur les peines portées par ladite Declaration. Fait au Conſeil d'Etat du Roy, Sa Majeſté y étant, tenu à Verſailles le quatorziéme jour de Juin mil ſix cens quatre-vingt-quinze. Signé, PHELYPEAUX.

LOUIS par la grace de Dieu Roy de France & de Navarre, Dauphin de Viennois, Comte de Valentinois & Diois, Provence de Forcalquier, & Terres adjacentes, Au premier des Huiſſiers de nos Conſeils, ou autres noſtre Huiſſier ou Sergent ſur ce requis, Nous te mandons & commandons par ces Preſentes ſignées de noſtre main, que l'Arreſt ci-attaché ſous le contreſcel de noſtre Chancellerie, ce jourd'hui donné en noſtre Conſeil d'Eſtat, nous y étant, Tu ſignifie à tous qu'il appartiendra, à ce qu'ils n'en prétendent cauſe d'ignorance, & fais pour ſon entiere execution tous Actes & Exploits neceſſaires, ſans autre permiſſion. Voulons qu'aux Copies dudit Arreſt & des Preſentes collationnées par l'un de nos amez & feaux Conſeillers & Secretaires, foy ſoit ajoûtée comme aux Originaux : CAR tel eſt nôtre plaiſir. DONNE' à Verſailles le quatorziéme jour de Juin, l'an de grace mil ſix cens quatre-vingt-quinze, Et de noſtre Regne le cinquante-troiſiéme. Signé, LOUIS. Et plus bas, Par le Roy, Dauphin, Comte de Provence, PHELYPEAUX.

Pour le Roy. { *Collationné aux Originaux par Nous Conſeiller-Secretaire du Roy, Maiſon, Couronne de France, & de ſes Finances.*

ARREST
DU CONSEIL D'ESTAT
DU ROY.

QUI maintient la Communauté des Boutonniers dans l'heredité des Offices des Syndics Jurez & Auditeurs des Comptes.

EXTRAIT des Lettres Patentes accordées par le Roy à la Communauté des Maîtres Paſſementiers Boutonniers de cette Ville & Fauxbourgs de Paris, données à Verſailles le 5. Octobre 1706. ſignées LOUIS, & au deſſous, Par le Roy, PHELIPEAUX, & ſcellées du grand Sceau; par leſquelles entre autres choſes, Sa Majeſté a confirmé & maintenu ladite Communauté dans l'heredité des Offices des Syndic, Jurez & d'Auditeurs desComptes cy-devant reünis à lad. Communauté. Par leſquelles Patentes Sadite Majeſté a auſſi uny & incorporé à laditeCommunauté l'Office de Treſorier Receveur & Payeur des deniers communs d'icelle, creez par Edit du mois de Juillet 1702. à la charge de payer par ladite Communauté, tant pour ladite confirmation d'heredité, que pour ledit Office de Treſorier, la ſomme de 4000. liv. de principal, & celle de 400. liv. pour les deux ſols pour livres: Et pour en faciliter le payement, Sadite Majeſté auroit permis d'en faire la repartition ſur les Maiſtres de ladite Communauté, à la charge de leur en payer la rente au denier 20. & pour en faciliter le

E

payement, même du remboursement de tems à autre du principal, & pour maintenir la discipline qui doit estre entre les Maistres de la Communauté, & empêcher les entreprises qui se font sur ladite Communauté, Sadite Majesté auroit accordé les six Articles qui ensuivent.

ARTICLE PREMIER.

VOULONS qu'il soit payé à l'avenir par chacun des Jurez qui seront élûs, au lieu de la somme de cent cinquante livres portée par nostre Declaration du 15. May mil six cens quatre-vingt-onze, celle de deux cent cinquante livres, laquelle sera employée au payement des rentes dûës par ladite Communauté, en execution de nos Edits des mois de Mars mil six cent quatre-vingt-onze, Mars 1694. Aoust 1701. & Juillet 1702.

ARTICLE II.

Qu'il soit payé annuellement par chacun des Maistres & Veuves qui composent ladite Communauté, la somme de trois livres au lieu de trente sols qu'ils payoient cy-devant par forme de droit de Visite, conformément à nostredite Declaration & à l'Arrest de nostre Conseil du onze Septembre 1696. laquelle somme sera employé au remboursement de partie des emprunts faits par ladite Communauté, en execution de nosdits Edits.

ARTICLE III.

Permettons aux Jurez de recevoir quatre Maistres sans qualité en payant par chacun d'eux une somme convenable au profit de ladite Communauté, laquelle somme provenant desdites Receptions sera employée au payement de ce qui nous est deu pour ladite confirmation de l'heredité & l'Office de Tresorier, sans pouvoir estre divertie ailleurs pour quelque cause & sous quelque pretexte que ce soit. Voulons que lors du remboursement qui sera fait à chacun des Maistres & Veuves qui auront à cet effet presté leurs deniers, il soit commencé par ceux deſdits Maiſtres & Veuves qui auront les premiers achevé de payer leur cotte part, ſuivant les quittan-ces qu'ils en rapporteront deſdits Jurez, leſquelles quittances finalles vaudront Contrat, ſi mieux n'aiment les Maîtres & Veu-ves de Maîtres faire paſſer des Contrats à leurs frais & dépens.

ARTICLE IV.

Voulons qu'après que ladite Communauté ſera entierement acquitté, tant des ſommes empruntées en execution de noſdits Edits, que de celles qu'il convient d'emprunter en execution de ceux des mois de Janvier & Aouſt 1704. les droits de Vi-ſite & des Receptions des Maîtres & Apprentis ſoient perceus comme auparavant noſtre Edit du mois de Mars 1691.

ARTICLE V.

Et d'autant qu'il eſt du bien public que la Police de noſtre bonne Ville de Paris & des Fauxbourgs ſoit uniforme & ob-ſervée également, permettons aux Jurez de ladite Communauté de faire leurs Viſites dans les maiſons des Paſſementiers Bou-tonniers du Fauxbourg Saint Antoine, dans l'enclos du Tem-ple, de l'Abbaye de Saint Germain des Prez, de Saint Jean de Latran, de Saint Denis de la Chartre, de la rue de l'Ourcine, ruës adjacentes Colleges & autres lieux Privilegiez ou pre-tendus tels de noſtredite Ville & Fauxbourgs de Paris ; comme auſſi ceux qui exercent ladite Profeſſion à titre de Privilege du Prevoſt de noſtre Hôtel ou autrement, ſans neanmoins que leſdits Jurez puiſſent pretendre aucuns droits de Viſites deſdits Paſſementiers Boutonniers, à moins qu'ils ne fuſſent auſſi Maî-tres de ladite Communauté.

ARTICLE VI. & dernier.

Voulons au ſurplus que les Statuts dudit Métier, enſemble les Declarations, Arreſts & Reglemens rendus en faveur de ladite Communauté, & notamment noſtre Declaration du 25.

Septembre mil fix cent quatre-vingt-quatorze, portant deffenses aux Tailleurs d'Habits, & à tous autres de faire à l'avenir aucuns Boutons de drap, & de toutes autres fortes d'étoffes de quelque qualité qu'elles foient, & à toutes perfonnes d'en porter fur leurs habits, aux peines y contenuës, foient executez felon leur forme & teneur.

Lefdites Patentes, Veu au Confeil, figné CHAMILLART, & regiftrées, Ouy fur ce le Procureur General du Roy, pour joüir par ladite Cnmmunauté de leur effet & contenu; & eftre executées felon leur forme & teneur, fuivant & aux charges portées par l'Arreft de ce jour, regiftrées en Parlement. A Paris le 11. Mars 1707. Signé DU TILLET, avec paraphe.

LOUIS par la grace de Dieu, Roy de France & de Navarre, au premier des Huiffiers de Noftre Cour de Parlement, autre fur ce requis. Sçavoir faifons, qu'entre les Maîtres & Gardes des Marchands Orfévres & Joyallers à Paris, Appellans d'une Sentence renduë par le Lieutenant General de Police au Chaftelet de Paris, le 18. Avril 1711. en ce qu'elle leur fait prejudice d'une part, & Jean-Nicolas Gardon, & Charles Belanger Maître Boutonnier, & les Jurez & Communauté des Maîtres Boutonniers à Paris, Intimez d'autres; & entre Jean-Jacques Vallin, Eftienne Gautier, Gilles-Nicolas Brodon, Marchand Orfévre à Paris, Demandeur en Requefte du 8. dudit mois de Juin, à ce qu'ils foient receus Appellans des Ordonnances & Sentences du Lieutenant General de Police, renduës les 18. May & autres jours fuivans, & faifie faite en confequence & Appellans en adherant de la Sentence dudit jour 18. Avril avec deffenfe de les mettre à execution, paffer outre & faire pourfuite ailleurs qu'en la Cour, à peine de nullité, d'amende & de tous dépens dommages & interefts, & de faire à l'avenir aucune Vifite ni faifie chez les Orfévres, & que par provifion main-levée leurs foient faites des Boutons fur eux faifis à la reprefentation; Les Gardiens & Depofitaires contrains par corps, quoy faifans déchargez d'une part, & lefdits Maîtres Paffementiers Boutonniers

tonniers, Deffendeurs d'autres ; & entre les Maiftres & Gardes des Marchands Orphevres - Joyalliers de cette Ville de
Paris, Demandeurs en Requefte par eux prefentée en noftre
dite Cour, le 6. Juin dernier 1711. à ce qu'ils foient reçûs
Parties Intervenantes en la caufe d'entre Jean-Jacques Vallin,
Eftienne Gaultier, & Gilles Nicolas Brodon Marchands Orphevres à Paris, & les Jurez Boutonniers de cette Ville, &
qu'Acte leur foit donné de ce que pour moyen d'intervention,
ils employent le contenu en leur Requefte, & qu'en confequence deffenfes feroient faites aufdits Boutonniers de faire aucunes
vifites chez les Orphevres, defquelles faifies main-levée feroit
faite, avec deffenfes de faire pourfuite ailleurs qu'en la Cour,
à peine de mil livres d'amende, dépens, dommages & interefts,
d'une part; & lefdits Jurez Boutonniers, lefdits Gardon, Belanger, & lefdits Vallin, Gaultier & Brodon Marchands Orphevres, Demandeurs en Requefte du 27. dudit mois de Juin, à ce
qu'en prononçant fur l'appel interjetté des Sentences & Ordonnances du Lieutenant General de Police des 28. Avril,
18. & 19. May, 2, 6, & 9 Juin, faifie faite en confequence,
& de tout ce qui s'en eft enfuivie, mettre les appellations , &
ce dont il a efté appellé, au neant; émandant, que deffenfe
feroit faite aufdits Paffementiers-Boutonniers de vendre & fabriquer, appliquer aucuns Boutons d'or ou d'argent d'Orphevrerie fur moules de bois, à peine de confifcation & d'amende,
ni d'aller en vifite, ni faire aucunes vifites chez les Orphevres, ni
d'entreprendre en quelque maniere que ce foit fur la profeffion
defdits Orphevres; que lefdites faifies par eux faites feroient
déclarées nulles & injurieufes, & déraifonnables; & que la
main-levée provifoire prononcée par l'Arreft de noftredite
Cour, du 9. dudit mois de Juin, demeureroit diffinitive; les
décharger des condamnations contr'eux prononcées par ladite
Sentence, & lefdits Paffementiers-Boutonniers condamnez en
leurs dépens, dommages & interefts, tels qu'il plaira en nôtredite Cour arbitrer, & en tous les dépens , d'une part; & lefdits Paffementiers - Boutonniers, Deffendeurs, d'autres : &
entre lefdits Maiftres & Gardes des Marchands Orphevres-
Joyalliers à Paris, Demandeurs en Requête du 2. du prefent

F

mois de Juillet, à ce qu'en prononçant fur lefdites oppofitions, ayant égard à l'intervention defdits Demandeurs, mettre l'appellation, & ce dont a efté appellé, au neant ; en ce que par la Sentence du 28. Avril, fur le furplus de la faifie faite à leur Requefte, il a efté mis hors de Cour, & que les chofes faifies fur les Boutonniers, leurs feront renduës, & qu'ils leur a été permis de couvrir les moules de bois avec la calotte d'argent, & que deffenfes font faites aufdits Orphevres de vendre des Boutons d'argent fur moules de bois, & qu'on a permis aux Boutonniers d'aller faire vifites chez les Orphevres ; & que par la Sentence du 9. Juin dernier, ledit Lieutenant General de Police a declaré les faifies faites fur lefdits Vallin, Brodon & Gaultier, Orphevres, bonnes & valables, & les chofes confifquées ; & condamne les Orphevres en l'amende & aux dépens ; émendant declarer les faifies faites à leur Requefte fur les Boutonniers, bonnes & valables, & les chofes faifies & confifquées à la reprefentation, les Gardiens & Commiffaires contraints ; ce faifant décharge, avec deffenfes aux Boutonniers de faire, vendre & fabriquer par appliques, aucuns Boutons d'or & d'argent d'Orphevrerie fur moules de bois, à peine de confifcation & d'amende, d'aller en vifite, & de faire aucunes faifies fur les Orphevres, & d'entreprendre en quelque maniere que ce foit fur leur profeffion ; que les faifies faites fur lefdits Vallin, Gaultier & Brodon, feront declarées nulles, injurieufes, & déraifonnables ; que la main-levée provifoire prononcée par l'Arreft diffinitif du 9. Juin, & lefdits Vallin, Gaultier & Brodon, déchargez des condamnations contr'eux prononcées par ladite Sentence du 9. Juin, & lefdits Paffementiers-Boutonniers condamnez aux dommages, interefts & dépens, tant des caufes principales que d'appel, d'une part ; & lefdits Paffementiers-Boutonniers, Gardon & Boulanger, Maiftres Boutonniers, d'une part ; & lefdits Vallin, Brodon & Gaultier Marchands Orphevres, Deffendeurs, d'autre, Et entre les Jurez de la Communauté des Maiftres Boutonniers de cette Ville de Paris, Demandeurs en Requeftes des 17. Juin & 13. Juillet 1711. La premiere en ce qu'ils foient reçûs oppofans à l'execution de l'Arreft par deffaut, obtenu par lef-

dits Vallin, Brodon & Gaultier le 9. dudit mois de Juin, signifié le 11. faifans droit fur leurs oppofitions, lever les deffenfes portées par icelui, & condamnez aux dépens, fans préjudice aufdits Boutonniers de fe pourvoir contre la Sentence du
28. Avril, en ce qu'elle leur fait préjudice, la feconde en ce
qu'en prononçant fur l'appel interjetté par les Maiftres & Gardes des Orphevres, & lefdits Vallin, Brodon & Gaultier Orphevres, des Sentences du Lieutenant General de Police, des
28. Avril & 9. Juin 1711. confirmer lefdites Sentences, il feroit ordonné que l'Article 32. des Statuts de la Communauté defdits Boutonniers, verifié en la Cour, fera executé fuivant icelui, qu'ils feront maintenus & gardez dans le droit &
la poffeffion dans laquelle ils prétendent être, de faire toutes
fortes de moules de Boutons, tant à l'arçon qu'au roüet, fer-
vans à leur Métier, avec deffenfes aux Orphevres de fabriquer & faire fabriquer, ni mettre en œuvre aucuns moules
de Boutons, à peine de cinq cens livres d'amende, tous dépens, dommages & interefts, & que les Arrefts de Reglement
de noftredite Cour des 10. Janvier 1554. & 17. Avril 1550.
feront executez ; & fuivant iceux, que deffenfes feront faites
aux Orphevres de fabriquer, vendre, & expofer en vente aucunes calottes de Boutons de cuivre doré & d'argent, à peine
de cinq cens livres d'amende, & de tous dépens, dommages
& interefts ; & lefdits Gardes des Orphevres, Vallin, Brodon & Gaultier, condamnez en l'amende & dépens de la caufe principale, fans prèjudice à eux de fe pourvoir par les voyes
de droit contre ladite Sentence du 28. Avril dernier, d'une
part; & lefdits Maiftres & Gardes des Marchands Orphevres-
Joyalliers à Paris, & lefdits Vallin, Brodon & Gaultier, Deffendeurs d'autre : Après que Gin Avocat defdits Vallin & Conforts, Gondoüin Avocat de la Communauté des Boutonniers,
Secouffe Avocat des Maîtres & Gardes des Marchands Orphevres, & Macé Avocat defdits Bellanger & Conforts ont efté
oüis, enfemble Jolly pour noftre Procureur General : NOS-
TREDITE COUR ayant aucunement égard aux Requê-
tes des Parties, a mis & met les appellations & ce dont a efté
appellé au neant ; émendant, permet aux Parties de Secouffe

& de Gin, de fabriquer, appliquer & vendre les Boutons &
Calottes d'or ou d'argent foutenuës d'un moule de bois, à la
charge d'acheter lefdits moules de bois chez les Parties de Gondoüin & de Macé, ou autres ayant droit de vendre lefdits moules; permet pareillement aux Parties de Gondoüin & de Macé, d'appliquer & vendre lefdits Boutons, à la charge auffi d'a-
cheter des Parties de Secouffe & de Gin, les Calottes d'or ou
d'argent toutes eftampées, perfectionnées & marquées des
marques des Orphevres, fi lefdites marques y peuvent être re-
mifes fans endommager l'ouvrage; permet aux Parties de Secouffe d'aller en vifite chez les Parties de Gondoüin & Macé
pour raifon defdites Calottes d'or & d'argent, accompagnez
d'un Commiffaire au Chaftelet : ordonne que les Parties de
Secouffe, Gin, Gondoüin & Macé, feront tenus d'avoir chacun un Regiftre d'achats & de ventes qu'elles feront refpecti-
vement defdites Calottes & Moules : declare toutes les faifies
nulles; feront les Gardiens & Dépofitaires tenus de rendre &
reftituer les chofes faifies : ce faifant ils en demeureront déchargez, dépens compenfez. Si te mandons, &c. Donné à
Paris en Parlement le 29. Juillet 1711. Et de noftre Regne
le foixante-neuf. *Collationné* par la Chambre, GUIHOU,
avec Paraphe. Pour Copie. Signé, JULLIEN, Signifié le 4.
Aouft 1711.

Le prefent Arreft a efté imprimé du temps d'Alexandre
Henry, Pierre Bertin, Jean-Baptifte Langlois, & Richard
Lenoir, tous Jurez en Charges.

De l'Imprimerie de J. BOUILLEROT, Pont S. Michel, vis-
à-vis le Quay des Auguftins, à l'Ecreviffe Royale.

ARREST

DU CONSEIL D'ESTAT

DU ROY

Du 16. Janvier 1712.

VEU au Conseil d'Etat du Roy la Declaration renduë le vingt-cinq Septembre mil six cens quatre-vingt quatorze, par laquelle Sa Majesté auroit fait tres-expresses deffenses aux Tailleurs d'Habits & à tous autres de faire à l'avenir, à commencer du jour de la publication, aucuns Boutons de Drap & de toutes sortes d'Etoffes, de quelque qualité qu'elle soit, à peine de cinq cens livres d'amende, applicable, un tiers aux Denonciateurs, un autre tiers aux Hôpitaux des lieux, & l'autre tiers au profit de Sa Majesté ; Ladite Declaration

G

faifant en outre défenfes à toutes perfonnes de porter defdits
Boutons fur leurs Habits, à commencer du premier Janvier
1695. à peine de trois cens livres d'amende,applicable moitié
aux Hôpitaux des lieux , & l'autre moitié au profit de Sa
Majefté; l'Arreft du Confeil rendu le 14. Juin 1695. par lequel Sa Majefté auroit fait de nouvelles défenfes aux Tailleurs d'Habits & à toutes autres perfones de faire & mettre,
ny de porter fur les Habits des Boutons de Drap , de Tiflus
de Rubans , ny d'aucunes autres Etoffes de Soye , ou d'or &
d'argent fait au métier, fous les peines portées par ladite
Declaration; les Lettres Patentes accordées par Sa Majefté
à la Communauté des Maîtres Paffementiers Boutonniers
de la Ville & Fauxbourgs de Paris le cinq Octobre mil fept
cent fix, Regiftrées au Parlement le vingt-cinq Mars mil
fept cent fept, par lefquelles, Article fix, Sa Majefté auroit expreffement ordonné l'execution de laditeDeclaration
du vingt-cinq Septembre mil fix cens quatre-vingt-quatorze, fous les peines y contenuës; la Requefte prefentée
par les Jurez de la Communauté defdits Maiftres Paffemen-
tiersBoutonniers,contenant qu'il commence des'introduire
un nouvel abus par les Boutons de cornes qui fe jettent en
moule, & aufquels on donne toutes fortes d'impreffions
fans que la main ny l'éguille y ait aucune part : Et comme
l'ufage de ces Boutons n'eft pas moins contraire aux Reglemens , & feroit également prejudiciable au commerce des
Soyes & aufdits Boutonniers , ils auroient tres-bumbement
fupplié Sa Majefté de vouloir bien l'interdire en conformité
des Reglemenr; Oüy le Rapport du Sieur Defmaretz,Con-

feiller ordinaire au Confeil Royal, Contrôlleur General des Finances. LE ROY EN SON CONSEIL, a ordonné & ordonne que la Declaration du vingt-cinq Septembre mil fix cens quatre-ving-quatorze, l'Arreft du Confeil du quatorze Juin mil fix cens qvatre-vingt-quinze, & les Lettres Patentes du cinq Octobre mil fept cens fix, feront executées felon leur forme & teneur, & en y adjoûtant, fait Sa Majefté tres exprefles inhibitions & deffenfes aux Tailleurs d'Habits & à tous autres, de faire & mettre, ni de porter fur les habits des Boutons de corne, à peine de cinq cens liv. d amende, applicable un tiers au Denonciateur, un autre tiers aux Hôpitaux des lieux / & l'autre tiers au profit de Sa Majefté, à l'effet de quoy fera le prefent Arreft leu, publié & affiché par tout où befoin fera. Enjoint Sa Majefté au Sieur d'Argenfon, Confeiller d'Etat, Lieutenant General de Police de la Ville, Prevofté & Vicomté de Paris, de tenir la main à l'execution dudit prefent Arreft. Fait au Confeil d'Etat du Roy, tenu à Marly le vingt-fixiéme jour de Janvier mil fept cent douze. Collationné, GOUJON.

MARC RENE' DE VOYER DE PAULMY, Chevalier, Marquis d'Argenfon, Confeiller d'Etat ordinaire, Lieutenant General de Police de la Ville, Prevofté & Vicomté de Paris, Commiffaire deputé par le Roy en cette partie.

VEU le prefent Arreft du Confeil d'Etat; Nous ordonnons qu'il fera leu, publié & affiché dans la prefente Ville & Fauxbourgs de Paris, à ce que nul n'en prerende caufe d'ignorance, & executé nonobftant toutes oppofitions & tous autres empêchemens quelconques, pour lefquelles ne fera differé; Fait en noftre Hôtel le huit Février mil fept cent douze. MARC LE VOYER D'ARGENSON.

L'Arreft cy-deffus a efté lû, publié à haute & intelligile voix à fon de Trompe & Cry public, en toutes les Halles, Placés, Marchez & Carrefours de cette Ville & Fauxbourgs de Paris, par moy Marc-Antoine Pafquier, Juré Crieur ordinaire du Roy en cette Ville, Prevofté & Vicomté de Paris, y demeurant rue du Milieu de l'Hôtel des Urfins, accompagné de Nicolas Ambezard, Louis Ambezard & Claude Craponne Jurez Trompettes, le Samedy 13. Février 1712. à ce que perfonne n'en pretende caufe d'ignorance. Signé, PASQUIER.

De l'Imprimerie de J. BOÜILLEROT, Imprimeur-Libraire du Grand Confeil, Pont S. Michel, à l'Ecreviffe Royale.

www.ingramcontent.com/pod-product-compliance
Lightning Source LLC
Chambersburg PA
CBHW060458200326
41520CB00017B/4839